ME ENCANTA EL OTOÑO
I LOVE AUTUMN

Shelley Admont
Ilustrado por Sonal Goyal

www.kidkiddos.com
Copyright ©2019 by KidKiddos Books Ltd.
support@kidkiddos.com

All rights reserved. No part of this book may be reproduced in any form or by any electronic or mechanical means, including information storage and retrieval systems, without written permission from the publisher, except in the case of a reviewer, who may quote brief passages embodied in critical articles or in a review.
First edition, 2020

Translated from English by Gabriela Esquivel Gastélum
Traducido del inglés por Gabriela Esquivel Gastélum
Spanish editing by Renata Moreno
Editado en español por Renata Moreno

Library and Archives Canada Cataloguing in Publication
I Love Autumn (Spanish English Bilingual Edition)/ Shelley Admont
ISBN: 978-1-5259-2006-6 paperback
ISBN: 978-1-5259-2007-3 hardcover
ISBN: 978-1-5259-2005-9 eBook

Please note that the Spanish and English versions of the story have been written to be as close as possible. However, in some cases they differ in order to accommodate nuances and fluidity of each language.

Jimmy, el conejito, estaba sentado junto al río.
Jimmy, the little bunny, was sitting beside the river.

Era una tarde de otoño y todo alrededor de él estaba vestido de naranja, su color favorito.
It was an autumn afternoon and everything around him was dressed in orange, his favorite color.

Le encantaban las zanahorias anaranjadas, las puestas de sol anaranjadas y las hermosas hojas anaranjadas.
He loved orange carrots, the orange sunsets and the beautiful orange leaves.

"Ven Jimmy", lo llamó su hermano mayor, "¡vamos a lanzar hojas al río y veamos de quién es la hoja que avanza más rápido!"
"Come, Jimmy," called his oldest brother, "let's throw leaves into the river and see whose leaf will move faster!"

"¿Qué hoja escoges?" preguntó su hermano del medio.
"What leaf do you choose?" asked his middle brother.

"Tomaré esta anaranjada grandota", dijo Jimmy, recogiendo la hoja del suelo.
"I'll take this big orange one," said Jimmy, picking up the leaf from the ground.

"La mía será roja," agregó su hermano mayor y tomó una brillante hoja roja.
"Mine will be red," added his oldest brother and took a bright red leaf.

El hermano mediano miró a su alrededor y recogió una hoja de un color hermoso. Era amarilla, roja y café.
The middle brother looked around and picked up a beautifully-colored leaf. It was yellow, red and brown.

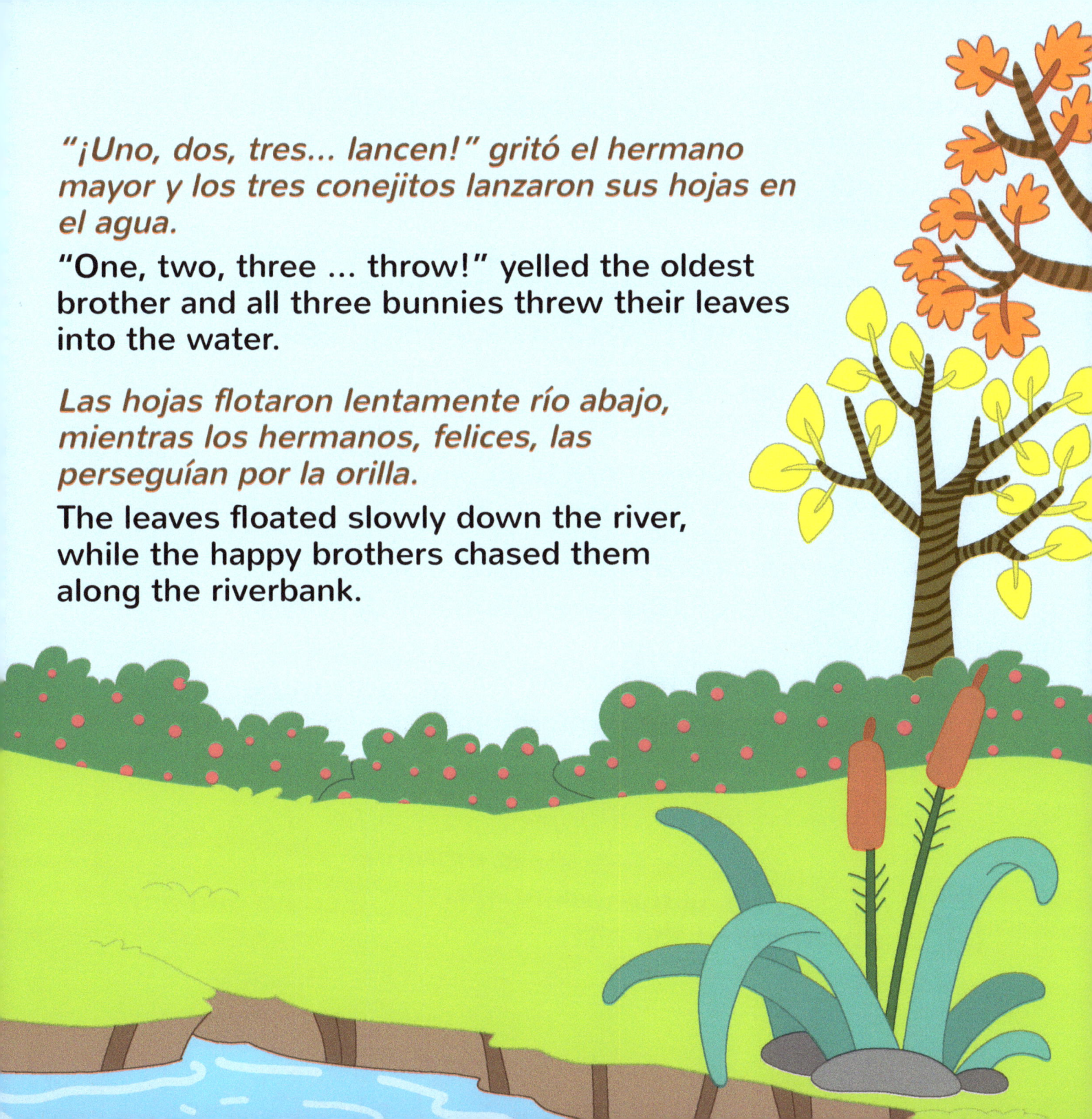

"¡Uno, dos, tres… lancen!" gritó el hermano mayor y los tres conejitos lanzaron sus hojas en el agua.

"One, two, three … throw!" yelled the oldest brother and all three bunnies threw their leaves into the water.

Las hojas flotaron lentamente río abajo, mientras los hermanos, felices, las perseguían por la orilla.

The leaves floated slowly down the river, while the happy brothers chased them along the riverbank.

"Ahora hay que hacer un montón enorme de hojas", sugirió el hermano mayor.

"Now let's make a huge pile of leaves," suggested the oldest brother.

"¡Y después saltar en él!" exclamó Jimmy alegremente.

"And then jump in it!" exclaimed Jimmy happily.

Sí, le encantaba el otoño más que ninguna otra estación. Es que había tantas cosas divertidas que hacer.

Yes, he loved autumn more than any other season. There were just so many fun things to do.

Comenzaron a amontonar hojas. El hermano mayor trajo unas cuantas hojas rojas y el hermano del medio agregó unas amarillas.

They started to pile up leaves. The oldest brother brought a few red leaves and the middle brother added yellow ones.

Jimmy recogió todas las hojas anaranjadas que pudo encontrar y las puso encima del montón.

Jimmy picked up all the orange leaves he could find and put them on top of the pile.

"¡Uno, dos, tres… salten!" gritó el hermano mayor y los tres conejitos saltaron en el montón.
"One, two, three … jump!" yelled the oldest brother and the three bunnies hopped into the pile.

Ellos rodaban entre las hojas y las aventaban al aire.
They rolled through the leaves and threw them up in the air.

Todas las hojas anaranjadas, amarillas y rojas volaban por todo el lugar.
All the orange, yellow and red leaves flew all over the place.

"Me encanta el olor de las hojas," sonrió Jimmy, hundiéndose más profundamente en el montón.
"I love the smell of the leaves," smiled Jimmy, sinking deeper into the pile.

De repente oscureció. Una gran gota aterrizó sobre la frente de Jimmy.

Suddenly it became dark. A big drop landed on Jimmy's forehead.

El hermano mayor miró hacia el cielo. "Será mejor que nos vayamos a casa antes de que nos mojemos," dijo.

The oldest brother looked up at the sky. "We'd better get home before we get wet," he said.

"¡Uno, dos, tres...corran!" gritó, y los otros hermanos comenzaron a correr a casa.

"One, two, three ... run!" he yelled, and the brothers started racing towards home.

Jimmy comenzó a correr también, pero se detuvo cuando vio unas hojas coloridas sobre el suelo. Él comenzó a recogerlas.

Jimmy began running too, but stopped when he saw some colorful leaves on the ground. He started to pick them up.

"¡Vámonos, Jimmy! ¡Está lloviendo! "¿Qué estás haciendo ahí?" preguntó el hermano mayor.

"Let's go, Jimmy ! It's raining! What are you doing there?" asked the oldest brother.

"Sólo estoy recogiendo unas hermosas hojas para mamá," contestó Jimmy. "Ya voy."

"I'm just picking some beautiful leaves for Mom," answered Jimmy. "I'm coming."

Justo cuando los dos hermanos mayores entraron corriendo a la casa, comenzó a llover intensamente. Jimmy se quedó atrás, recogiendo hojas aún.

Just as the two oldest brothers ran into the house, heavy rain began pouring down. Jimmy was behind, still picking up leaves.

Se mojó desde la punta de sus orejas hasta el fondo de los dedos de sus pies. Hasta su pequeña cola se mojó, pero no le molestaba.

He got wet from the tips of his ears to the bottom of his toes. Even his little tail got wet, but it didn't bother him.

Tenía hermosas hojas para Mamá en sus manos, y eso lo hacía feliz.

He had lovely leaves for Mom in his hands, and that made him happy.

"¡Mami! ¡Mami!" gritó con emoción mientras entraba corriendo a la casa.

"Mommy ! Mommy !" he yelled with excitement as he ran into the house.

Mamá estaba sentada en el sofá de la sala.

Mom was sitting on the couch in the living room.

"¡Estas son para ti!" Jimmy exclamó, brincando por la sala y dejando charcos en el piso.

"These are for you!" Jimmy exclaimed, jumping through the room and leaving puddles on the floor.

"¡Oh, mi dulzura! ¡Gracias! Son tan bonitas", dijo Mamá.
"Oh, my sweetie! Thank you! They are so pretty," said Mom.

"Pero, ¿no tienes frío Jimmy? ¡Mira tus orejas, están todas mojadas, y tu cola también!"

"But aren't you cold, Jimmy? Look at your ears, they are all wet, and your tail too!"

"No tengo... ¡achuu!" Jimmy estornudó fuertemente.

"I'm not ... achoo!" Jimmy sneezed loudly.

"¡Salud!" dijo Mamá. "Creo que deberías cambiarte la ropa mojada y ponerte este suéter anaranjado que tejí para ti. Las noches se están volviendo frías ahora."

"Bless you!" said Mom. "I think you should change out of your wet clothes and put on this warm orange sweater I knitted for you. The evenings are becoming chilly now."

Jimmy se puso su nuevo suéter anaranjado. Su hermano del medio recibió un suéter verde nuevo y su hermano mayor recibió uno azul.

Jimmy put on his new orange sweater. His middle brother got a new green sweater and his oldest brother got a blue one.

Pronto toda la familia se reunió en la sala, mirando la lluvia a través de la gran ventana.

Soon all the family gathered in the living room, looking at the rain through the large window.

"Es tan triste," dijo Jimmy, observando las hojas mojadas volando en el viento. "Ahora no podemos jugar afuera. ¿Qué vamos a hacer?"

"It's so sad," said Jimmy, watching the wet leaves blowing in the wind. "Now we can't play outside. What are we going to do?"

"Podemos hacer una deliciosa tarta de manzana juntos," sugirió Mamá.

"We can make a delicious apple pie together," suggested Mom.

"O podemos leer un libro," agregó Papá.

"Or we can read a book," added Dad.

"Yo preferiría hacer un rompecabezas," dijo el hermano del medio.

"I would rather do a puzzle," said the middle brother.

El hermano mayor pensó un momento. "¿Y si hacemos todas esas cosas?" exclamó.

The oldest brother thought for a moment. "What if we do all those things?" he exclaimed.

"Esa es una idea maravillosa," dijo Mamá asintiendo. "Vamos a comenzar con una tarta de manzana. Traeré mi libro de recetas."

"That's a wonderful idea," said Mom nodding. "Let's start with an apple pie. I'll bring my recipe book."

Todos se pusieron a trabajar. Mamá y Papá cortaron grandes manzanas rojas y los hermanos mezclaron la harina y la mantequilla.

They all got to work. Mom and Dad cut up big red apples and the brothers mixed flour and butter.

"¡Esto es tan divertido!" dijo Jimmy, mezclando los ingredientes de la masa en el tazón grande.

"This is so much fun!" said Jimmy, mixing the crust ingredients in the large bowl.

"Y una vez que esté lista, estará tan deliciosa," dijo Mamá y puso la tarta en el horno.

"And once it's ready, it will be so delicious," said Mom and put the pie into the oven.

"*Mientras se hornea, podría leerles un libro,*" dijo Papá.

"While it's baking, I could read you all a book," said Dad.

Se instaló en el sofá con sus hijos y un gran libro colorido.

He settled on the couch with his sons and a large colorful book.

"*Y después de esto, podríamos hacer un rompecabezas,*" agregó el hermano del medio.

"And after this, we could do a puzzle," added the middle brother.

Cuando llegó la noche, los hermanos se metieron a sus camas y Mamá vino a darles un beso de buenas noches.

When evening came, the brothers got into their beds and Mom came to give them a goodnight kiss.

"Fue un gran día," dijo Jimmy mientras Mamá lo cubría con su cobija." "Me encanta el otoño."

"It was a great day," said Jimmy as Mom covered him with his blanket. "I love autumn."

Bostezó, cerró sus ojos y rápidamente se quedó dormido, para pronto despertar a otro anaranjado día.

He yawned, closed his eyes and quickly fell asleep, soon to wake up to another orange day.

www.ingramcontent.com/pod-product-compliance
Lightning Source LLC
Chambersburg PA
CBHW061139070526
44584CB00033B/4366